山东省地方标准

黄河中下游流域粉质土路基冲击碾压施工技术规范

Specifications for impact roller compaction of silty soil subgrade in the Yellow River basin

DB 37/T 3359—2018

主编单位：山东省交通规划设计院
　　　　　山东大学
　　　　　济南市公路管理局
批准部门：山东省质量技术监督局
实施日期：2018 年 08 月 19 日

人民交通出版社股份有限公司

图书在版编目(CIP)数据

黄河中下游流域粉质土路基冲击碾压施工技术规范/山东省交通规划设计院，山东大学，济南市公路管理局主编.—北京：人民交通出版社股份有限公司，2019.8
ISBN 978-7-114-15685-4

Ⅰ.①黄… Ⅱ.①山…②山…③济… Ⅲ.①黄河流域—粉质粘土—公路路基—路基工程—工程施工—技术规范 Ⅳ.①U416.1-65

中国版本图书馆 CIP 数据核字(2019)第 138582 号

书　　名：	黄河中下游流域粉质土路基冲击碾压施工技术规范
著 作 者：	山东省交通规划设计院
	山东大学
	济南市公路管理局
责任编辑：	黎小东
责任校对：	张　贺
责任印制：	张　凯
出版发行：	人民交通出版社股份有限公司
地　　址：	(100011)北京市朝阳区安定门外外馆斜街 3 号
网　　址：	http://www.ccpress.com.cn
销售电话：	(010)59757973
总 经 销：	人民交通出版社股份有限公司发行部
经　　销：	各地新华书店
印　　刷：	北京市密东印刷有限公司
开　　本：	880×1230　1/16
印　　张：	1
字　　数：	20 千
版　　次：	2019 年 8 月　第 1 版
印　　次：	2019 年 8 月　第 1 次印刷
书　　号：	ISBN 978-7-114-15685-4
定　　价：	25.00 元

(有印刷、装订质量问题的图书，由本公司负责调换)

DB 37/T 3359—2018

目　次

前言 .... Ⅲ
1 范围 1
2 规范性引用文件 1
3 术语和定义 1
4 符号和代号 2
5 一般要求 2
6 施工准备 3
7 质量和技术要求 5
8 施工工艺 6
9 施工质量检验 8
10 其他 9
附录 A（规范性附录） 本规范用词说明 10

I

前言

本标准按照 GB/T 1.1—2009 给出的规则起草。

本标准由山东省交通运输厅提出并归口。

本标准起草单位:山东省交通规划设计院、山东大学、济南市公路管理局。

本标准主要起草人:毕玉峰、姚占勇、宋修广、蒋红光、张宏博、刘传波、孙梦林、聂昌信、李新尉、刘伟、王甲勇、韩冰、安志敏、杨鹏、李国儒、邵恩贤、刘国栋、崔健、马川义、张婉、常德。

黄河中下游流域粉质土路基冲击碾压施工技术规范

1 范围

为合理地应用冲击碾压施工工艺,提高黄河中下游流域粉质土公路路基工程施工技术水平,保证路基施工质量,制定本规范。本规范适用于黄河中下游流域新建和改(扩)建各等级公路工程的地基和路堤区的冲击碾压施工。

冲击碾压施工除应符合本规范外,还应符合现行国家和行业有关标准、规范的规定。

2 规范性引用文件

下列文件对于本文件的应用是必不可少的。凡是注日期的引用文件,仅注日期的版本适用于本文件。凡是不注日期的文件,其最新版本(包括所有的修改单)适用于本文件。

  JTG F10   公路路基施工技术规范
  JTG C20   公路工程地质勘察规范
  JTG D30   公路路基设计规范
  JTG E40   公路土工试验规程
  JTG E60   公路路基路面现场测试规程
  JTG F90   公路工程施工安全技术规范
  JTG F80/1   公路工程质量检验评定标准
  DB 37/T 1720 黄河中下游流域粉质土路基与二灰土底基层施工技术指南

3 术语和定义

3.1
冲击压路机 impact roller
压路机的非圆形压实轮(一般是由曲线为边构成的三、四、五边的正多边形压实轮)在牵引或自行驱动力作用下滚动,对作业面进行周期性冲击碾压的施工机械设备。

3.2
单(双)轮冲击压路机 single(Tandem) impact roller
压实轮为单(双)轮的冲击压路机。

3.3
自行式冲击压路机 self-propelled impact roller
依靠自身动力装置行驶作业的冲击压路机。

3.4
拖式冲击压路机 towed impact roller
依靠其他动力机械设备进行牵引行驶作业的冲击压路机。

3.5
冲击碾压 impact roller compaction
利用多边轮的滚动对作业面形成冲击压实效果的碾压方式,主要作用是提高被压土体的密实度与破碎度,冲压效果与土质状况、冲击压路机的型号、行驶速度等有关,冲击碾压可简称冲压。

3.6
有效影响深度 effective influence depth
土体平均压实度提高1个百分点的最大压实深度。

3.7
有效压实厚(深)度 effective compaction depth
满足设计要求压实度的最大压实厚(深)度。

3.8
冲击碾压遍数 number of impact roller passes
冲击轮通过作业面的次数。

3.9
有效冲击碾压长度 effective impact rolling length
扣除两头转弯端长度后,冲击压路机沿作业面纵向行驶的最短直线长度。

3.10
黄河中下游流域粉质土 silty soil of the Yellow River basin
黄河中下游流域细粒土中的粗粒组(0.075mm～60mm粒组)质量小于或等于总质量25%的土,包括黄河中下游流域粉土和黄河中下游流域粉质黏土。

3.11
黄河中下游流域粉土(低液限粉土) silt of the Yellow River basin
黄河中下游流域塑性指数I_P小于或等于11的粉质土。

3.12
黄河中下游流域粉质黏土(粉质低液限黏土) silty clay of the Yellow River basin
黄河中下游流域塑性指数I_P介于11~18之间的粉质土。

3.13
黄河中下游流域中液限黏土 middle-liquid limit soil of the Yellow River basin
黄河中下游流域液限w_L介于40%~50%之间的黏土。

4 符号和代号

w_0——土的天然含水率(%);
w_{0p}——土的压实最佳含水率(%);
I_P——土的塑性指数;
w_L——土的液限(%)。

5 一般要求

5.1 冲击碾压填筑的黄河中下游流域粉质土公路路基应达到设计要求的强度、稳定性和耐久性。
5.2 黄河中下游流域公路地基、路堤冲击碾压的设计与施工,应根据施工路段具体的地形地貌、地下水位、地质条件,以及取土场土质、工期要求等因素综合确定。高速公路与一级公路路基宜结合工程建设提前修筑试验路,开展冲击碾压试验工作,以达到检验设计、指导施工的目的。
5.3 适宜冲击碾压的条件如下:
   a) 黄河中下游流域地下水位较低、土的含水率适宜的粉质土公路地基;
   b) 黄河中下游流域含水率适宜的粉土路堤。

5.4 不适宜采用冲击碾压的路段如下：
  a) 距建筑物安全距离不足的路段；
  b) 有效冲击碾压长度不足的路段；
  c) 地下水位埋置深度小于1.5m，或地基1.5m深度内含厚度较大、含水率较高的中（高）液限黏土层的地基压实路段；
  d) w_0 超出范围，经过冲击碾压试验验证压实效果不明显的路段；
  e) 有对振动敏感的特殊构造物且保护困难的路段；
  f) 经验证对原路堤、路面振动影响较大的拓宽路基路段。

5.5 黄河中下游流域公路地基、路堤冲压施工宜采用压实轮为正三边形的冲击压路机。

5.6 地基冲压范围应至路堤坡脚外1m；路堤冲压距填方外缘的距离不宜小于1.2m，当路堤加宽受限时，可采用振动压路机对路堤边缘2m~3m范围内进行分层压实；路堤最外侧冲击碾压的行驶速度宜控制在10km/h~12km/h。

5.7 当路堤填料为黄河中下游流域粉质黏土时，应在试验路段验证的基础上，经充分论证后方可实施。

5.8 应充分考虑冲击碾压作业对周边环境的振动影响，合理确定振动作业安全距离；或采取必要的减振措施，降低振动作业对周边环境的影响。应制定相关安全生产管理制度，采取安全保障措施，杜绝违章施工，做到安全生产。

6 施工准备

6.1 技术准备

6.1.1 施工前应组织专业技术人员对施工路段的施工环境条件进行详细核查，进一步优化施工技术方案。

6.1.2 施工前应编制施工组织设计。施工时严格按设计要求施工，不断总结完善施工工艺、检测方法与质量控制措施，加强施工全过程的检查和记录，保证工程质量。

6.1.3 施工前应组织有关人员学习冲击碾压技术要求，进行书面技术交底。

6.1.4 机械操作人员在施工前必须经过培训。

6.2 场地准备

6.2.1 测量放样

按《公路路基施工技术规范》（JTG F10）执行。路堤填筑的外边线应大于设计宽度1.3m~2.0m，并标划冲击碾压的作业范围。

6.2.2 场地的整理

应按下列要求进行场地整理：
  a) 公路地基施工前应对路堤基底范围内原地表进行清理，并按设计要求整平；
  b) 地基施工宜在地下水位较低时进行；
  c) 地下水位较高、地基含水率较大，导致地基难以冲击碾压的路段，宜通过现场试验，选用井点降水、地基土翻晒、石灰处置、设置废旧建筑砖渣或砂砾垫层等适宜的技术措施，对地基进行处理；
  d) 路堤位于水塘、水沟等局部低洼积水的地段，应抽干积水，清除淤泥，选用符合要求的土、粗粒料或工业废渣等材料，采用分层碾压等技术措施回填；
  e) 施工现场若有坑穴，应填平夯实。

6.2.3 场地排水

施工前应截断流向路基作业区的水源,并在设计边沟的位置开挖临时排水沟,保证排水畅通。

6.2.4 构造物的保护

应按下列要求进行构造物保护:

a) 施工前必须查明冲击碾压范围内的地下管线和附近的各种构造物,对于不满足振动安全要求的构造物必须采取相应的保护措施。一般情况下宜参照表1确定水平安全距离。对于存在河沟等有明显隔振效果的部位,经确认不会对构造物造成影响时,可适当缩减安全距离。对拟保护的构造物,施工前应在保护范围的外围设置明显的标记物。

表1 冲击碾压水平安全距离

构造物类型	冲压水平安全距离(m)	构造物类型	冲压水平安全距离(m)
U形桥面和涵洞通道	5(距桥台翼墙端或涵洞通道)	导线点、水准点、电线杆	10
其余类型桥台	10	地下管线	5
重力式挡墙	2(距墙背内侧)	互通式立交桥梁	10
扶壁(悬臂)式挡墙	2.5[距扶(立)壁内侧]	建筑物	30

b) 正常使用的构造物顶部以上填土厚度大于2.5m,土工格栅等合成材料竖向填土厚度大于1.5m,上部填土可直接进行冲击碾压。

c) 对于不符合上述安全距离的冲击碾压路段,可采取以下措施:
1) 在构造物与冲击碾压施工路段之间开挖宽0.5m、深1.5m左右的隔振沟进行隔振;
2) 适当降低冲击压路机的行驶速度,增加冲压遍数;
3) 其他技术措施。

d) 距被保护构造物较近、不宜采取冲击碾压时,可采用振动影响较小的碾压机械或小型夯实机具等分层压(夯)实至设计要求的压实度。

e) 地基冲压宜安排在结构物基础开挖之前,并尽可能地扩大作业面长度。

6.2.5 场地范围

地基冲击碾压的最短有效长度不宜小于100m;路堤施工段长度宜为200m~500m,最短长度不宜小于150m。冲击碾压的转弯路段应并入下一冲压施工段。

6.2.6 临时工程

临时工程应满足正常施工需要,应保证路基施工影响范围内原有道路、结构物及农田水利等设施的使用功能。

6.3 材料准备

6.3.1 路堤填土应为黄河中下游流域粉土。对于 $4 < I_p \leq 11$ 的粉土,含水率宜控制在 $w_{0p} - 3\%$ ~ $w_{0p} + 2\%$ 之间;对于 $I_p \leq 4$ 的粉土,含水率宜控制在 $w_{0p} - 4\%$ ~ $w_{0p} + 3\%$ 之间。

6.3.2 在取土场取土前应开挖探坑,对取土场全厚度范围内的土质、含水率进行检查。取土深度范围内土质分布不均匀时,应根据土质要求分层取土;取土深度范围内含中(高)液限黏土层时应清除并分类储存利用。当取土场的土料含水率过高时,应结合地形等实际情况提前排水、降水,尽量提前就地堆积滤水晾晒或翻晒,不宜将含水率较大的土料直接在施工作业面上翻晒;土料含水率不足时,应采取补水措施。

6.3.3 当路堤土料的含水率超出以上范围且晾晒或补水困难时,应采取有效的处置措施,经试验、论证后方可实施。

6.4 主要机械设备及要求

冲击压路机宜采用正三边形冲击压路机,冲击势能不宜小于25kJ,工作速度为10km/h～15km/h,冲击轮宽度为2×900mm。牵引时应采用配套的牵引车。

6.5 施工作业条件

作业面符合要求,人员和各种施工机械就位,施工机械运转正常;安全警示标志和安全防护措施已到位。

6.6 试验路段

6.6.1 试验路段的铺筑应达到以下目的:
a) 提出路基填筑材料的质量控制标准;
b) 验证地基条件的适应性,以及在高地下水位、高含水率、高黏粒含量等地基条件下采取降水、翻晒、灰土处置等技术手段的有效性;
c) 验证冲击碾压后的地基、路堤质量是否达到设计技术要求;
d) 优化冲击碾压的施工工艺、参数;
e) 确定适宜的冲击碾压质量控制标准。

6.6.2 试验路段的选择应具有代表性,冲击碾压试验段长度不宜小于150m。

6.6.3 应编制试验段计划或大纲,其具体内容如下:
a) 各区段检测点平面布置图。应标出试验范围、桩号、埋设仪标的断面桩号、仪标的平面布设位置以及观测控制点的布设位置。
b) 测点位置断面图。应标出压实度等参数测点在各个观测断面中的水平与竖向检测位置,提出各种指标的检测时间、标准要求、施工配合要求及注意事项;试验前应根据试验内容编制原始记录表格。

6.6.4 监测、检测使用的所有仪器应于试验工作开始前准备完毕。

6.6.5 试验人员应经过培训,对参加试验的所有人员应进行详细的技术交底,做到职责明确、操作规范。

6.6.6 试验段作业结束后,应及时分析检测数据,整理试验总结报告。试验总结报告应包括以下内容:
a) 试验段作业过程情况,包括工程概况、土质状况、自然条件、施工过程等;
b) 冲压遍数与沉降量、压实度间的关系,冲击碾压技术的适用性,冲击碾压的有效影响深度、有效压实厚度等;
c) 冲击碾压施工与其他施工方法的经济对比分析;
d) 适宜的冲击碾压遍数、含水率控制范围、冲击压路机的型号、冲压行驶速度、松铺系数、构造物的安全保护措施、质量检测方法、质量控制检测标准等,指导全线设计施工与质量控制的结论性意见与建议。

7 质量和技术要求

7.1 冲击碾压施工前应铺筑试验路段,以确定适宜的施工方案。施工中必须严格执行试验路段总结确定的技术参数。

7.2 冲击碾压地基的场地清理彻底，地基平整度、宽度、中线偏位等符合设计要求；冲击碾压路堤下承层的压实度、平整度、宽度、中线偏位等符合设计要求。

7.3 碾压地基、填筑路堤的压实度符合规范和设计要求。

7.4 路堤冲压的松铺厚度，必须根据试验路或首件工程总结的有效压实厚度、松铺系数并结合路堤所处的层位综合确定；路堤冲压的松铺厚度以80cm为宜；摊铺整平后的路堤每50m长度设置一个断面，检测控制摊铺厚度；松铺厚度超厚时应对超厚部分进行清除。

7.5 高速公路、一级和二级公路路堤的冲击碾压遍数不宜少于20遍；三级公路、四级公路路堤的冲击碾压遍数不宜少于15遍；地基的冲击碾压遍数不宜少于10遍。

7.6 严格控制地基、路堤土的含水率。冲压前按每2000m²检测8个点的频率检测土的含水率。

7.7 冲压过程中作业面起伏较大时应停止冲压，对作业面进行平整后再继续冲压。

7.8 冲击压实时应均匀碾压，相邻两段冲击碾压搭接长度不宜小于30m。冲压过程中应保持正确的行驶方向，并保证不发生漏压现象。

7.9 冲压边角及转弯区域应采取其他压实措施，以达到设计标准。

7.10 存在构造物的路段，必须严格落实安全保障措施，控制冲击碾压的范围。

7.11 施工过程中须由专人负责记录，记录资料内容真实完整。

8 施工工艺

8.1 冲击碾压施工工艺流程

采用试验路段或首件工程确定的施工工艺流程。

8.2 路堤施工操作方法

8.2.1 路堤的填土

下承层检查合格后进行填土，填土前采用全站仪按20m间距测设出中桩，用水准仪测出横断面高程，用白灰撒出每侧宽出路堤填筑宽度1.2m～2.0m的灰线。根据每车土的松方量，计算出对应厚度的摊铺面积，在作业面上标划出对应的格子，根据格子卸土，每个方格内倒一车土，确保土料的均匀性。

8.2.2 填料的整平

填料后，用推土机大致整平，再用平地机反复整平，直到作业面满足要求为止，然后用振动压路机碾压2遍～3遍。测量人员测出各点位松铺的高程，对超厚部分进行清除。为了保证路堤顶面的排水，一般路段整平时必须修整出不小于2%的双向横坡；超高段按设计横坡度进行整平。在整平后的场地上布设监测点。

8.2.3 冲击压实

施工作业场地宽度大于冲击压路机转弯半径的4倍时，以道路中心线为对称轴从一侧向另一侧采取错轮回转法进行冲击碾压，碾压时轮迹不得重叠，具体行车路线见图1；施工作业场地的宽度小于4倍转弯半径时，可按图2的方式进行冲压，并根据实际情况在施工作业场地的两端设置所需的转弯场地。

采用横向错轮碾压的方式进行冲压，循环错轮完成全部作业场地的冲压计为冲压1遍。冲压过程中作业面表层会产生波浪起伏，每碾压一遍后在掉头端向内错1个车位，通过调整转弯半径调整冲击波峰，进行错峰压实（图3），每遍错轮1/6轮周距，4遍为一轮回，4遍整平后调整为反方向进行反循环冲击碾压，达到压实质量的均匀、满压。

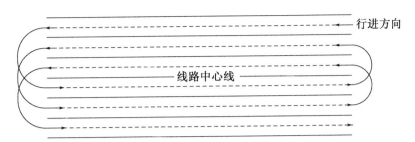

图 1 施工作业场地较宽时冲击碾压路线示意图

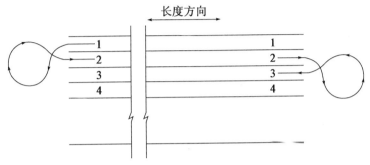

图 2 施工作业场地较窄时冲击碾压路线示意图

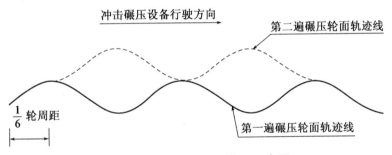

图 3 错峰碾压纵向错距示意图

根据作业面的情况,一般每冲压4遍,对作业面按路拱横坡度要求进行整平一次,并同时采用洒水车进行雾状喷水除尘。在施工现场的两端设置所需的转弯场地,并在冲压行驶路线上设置易于机械操作人员辨识的临时标记物,便于按相应的标线冲击碾压。

冲击碾压过程中,在作业面两端设专人统计碾压遍数,并检查每遍的错峰情况。每冲压一次及时在告知牌上填写醒目的冲压遍数。

冲压后路堤、地基表面的松散土层不检测压实度,可直接计入上一层填土的松铺厚度,但在填土前必须整平,并适当洒水保持松散层含水率适宜。当土的含水率较低时,宜于前一天洒水湿润。

8.3 地基施工操作方法

地基冲压施工参照8.2.3中路堤冲压方法执行。

8.4 施工中注意事项

8.4.1 正常施工中,必须严格按照试验段或首件工程试验确定的冲压方案及操作工艺,以书面形式向现场技术、管理、施工人员进行技术和安全交底。

8.4.2 严格控制冲压作业面端部、边部的压实质量。与桥台等结构物相连的路堤,应根据路堤施工条件确定合理的施工工艺;其他冲压路段的转弯处应并入下一冲压施工段;无法并入其他冲压段的转弯区和冲压边角区,应采用强夯等技术措施进行补压,以保证压实质量。对冲压作业面的边部应增加3遍~

5 遍的压实遍数。

8.4.3 严格控制压实度检验坑填土的填筑质量,由专人负责对检验坑进行分台阶回填,用汽夯等设备夯实。在设置沉降观测板的位置,碾压完成后应将四周的松土挖出,分层用汽夯夯实。

8.4.4 严格控制冲击压路机的行驶速度、碾压遍数和错峰的质量,作业面起伏较大时应及时进行表面整平。

8.4.5 施工中应采取有效的安全保证措施,确保构造物的安全。冲压作业范围内的出入口应设置醒目的安全标志和交通指示标志,禁止无关的车辆与人员出入;冲压施工中应注意观察,发现构造物异常时,必须立即中断施工,查清原因并及时调整施工方案或工艺;冲击碾压作业不宜夜间施工,确需夜间施工时,现场必须设置符合操作要求的照明设备与夜间施工警示标志。

8.4.6 每台冲击压实设备至少应配备 2 名经培训合格的机械操作人员,轮流进行作业,每名操作人员每次作业时间不宜超过 2h。

8.4.7 施工中应保证各环节衔接紧凑,及时进行作业面冲压,以减少表层水分散失对冲压施工及其质量的影响,并视气候环境每冲压 8 遍~10 遍对施工作业面表面进行适当补水。

8.4.8 当路堤填料的含水率超出要求时,应先行晾晒。

8.4.9 施工过程中应及时修筑和完善临时排水设施,保持排水通畅,防止作业面存水和路基冲刷。

8.4.10 当小型结构物较多致使冲压段落过短时,可暂不施工小型结构物,待冲击碾压填筑至适宜高度后再开挖施工小型结构物,以延长冲压段长度。

8.4.11 冲击压路机应选用配套的专用牵引车,其功率应与冲击压路机的型号、吨位相匹配。

8.4.12 压实度检测时,如果发现土质变化较大或出现压实土体超密现象,应及时现场取土进行击实试验,核验压实土体的压实度,确保检测的准确性。

8.4.13 施工时若路基局部出现"弹簧"现象,应暂停施工,采用含水率适宜的土对"弹簧土"进行置换或采用石灰局部处置,补压整平方可继续施工;地基冲压时若出现地基"弹簧"或液化现象,应查明原因并采取适宜的措施处置后方可继续施工。

8.4.14 高填方路堤应加强填筑、冲压施工过程中路堤的变形监测,对路堤施工实行动态监控。

8.4.15 施工过程中应合理安排施工时间,减少噪声与振动对周边环境的影响。

9 施工质量检验

9.1 质量控制指标与控制方法

地基、路堤冲压质量以压实度作为最终控制标准,施工过程中采用碾压机械设备、碾压遍数、碾压沉降量和压实度综合控制的方法控制施工质量。当冲击碾压同时达到试验确定的碾压遍数和碾压沉降量标准时,进行地基、路堤的压实度检测。地基、路堤达到相应压实度标准为合格,压实度达不到要求时应进一步补压至合格。

9.2 压实度检测方法

宜采用灌砂法检测冲压路段不同深度处的压实度。按照检测深度,检测分为冲压层的层表和层底压实度检测。层表检测表层下 20cm 处的压实度;路堤层底检测冲压层底部以上 10cm 处的压实度;地基层底检测地基冲击碾压后 50cm 深度处的压实度。压实度通过分层开挖台阶进行检测。

9.3 压实度检测频率

层表压实度检测频率为每 200m 检测 4 处;层底压实度检测频率为每 200m 检测 2 处。检测点位应在冲压范围内均匀分布。

9.4 质量标准

地基冲击碾压后的压实度必须达到90%以上；路堤冲压后压实度必须按表2的标准控制。

表2 路基压实度标准

填挖类型		路面底面以下深度（m）	压实度(%)		
			高速公路、一级公路	二级公路	三级公路、四级公路
上路堤	轻、中交通	0.8~1.5	≥94	≥94	≥93
	重、特重交通	1.2~1.9	≥94	≥94	≥93
下路堤		轻、中交通1.5以下 重、特重交通1.9以下	≥93	≥92	≥90

注1：表列压实度是以《公路土工试验规程》(JTG E40)重型击实试验法为准。
注2：当三级公路、四级公路铺筑沥青混凝土和水泥混凝土路面时，应采用二级公路的标准。

10 其他

其他未尽事宜应按照《公路路基施工技术规范》(JTG F10)执行。

附 录 A
（规范性附录）
本规范用词说明

A.1 对执行规范条文严格程度的用词采用以下写法：
 a) 表示很严格，非这样做不可的用词：
 正面词采用"必须"；反面词采用"严禁"。
 b) 表示严格，在正常情况下均应这样做的用词：
 正面词采用"应"；反面词采用"不应"或"不得"。
 c) 表示允许稍有选择，在条件许可时首先应这样做的用词：
 正面词采用"宜"；反面词采用"不宜"。
 d) 表示稍有选择，在一定条件下可以这样做的用词：
 采用"可"。

A.2 条文中应按指定的其他有关标准、规范的规定执行，其写法为"应按……执行"或"应符合……的要求（或规定）"。如非必须按指定的其他有关标准、规范的规定执行，其写法为"可参照……"。